13

供电企业生产技能人员标准化作业培训教材

油浸式互感器例行检修

福建省电力有限公司　组编

输变电

中国电力出版社
CHINA ELECTRIC POWER PRESS

内 容 提 要

本册书是按照《供电企业生产技能人员标准化作业培训教材》体系的要求，结合生产实际编写而成。本册书共分为两大部分，第一部分介绍油浸式互感器例行检修的标准化作业内容，主要包括例行检修标准化作业的工作流程、安全风险与预控、工作质量标准与控制等内容，并结合油浸式互感器例行检修实际案例，对例行检修操作要点、关键步骤的控制、安全注意事项、管理要求等进行了具体分析。第二部分主要介绍了实际作业案例相关的标准化作业文本。

本册书作者都是长期从事电力生产一线的员工，有较为丰富的现场实际经验，所列举的案例在实际生产过程中较为典型，具有较强的生产现场指导意义。本册书可作为供电企业电网输变电工作人员的培训教学用书，也可作为电力职业院校教学参考用书。

图书在版编目（CIP）数据

供电企业生产技能人员标准化作业培训教材. 输变电/福建省电力有限公司组编. —北京：中国电力出版社，2012.12
ISBN 978-7-5123-3810-4

Ⅰ. ①供… Ⅱ. ①福… Ⅲ. ①供电－工业企业管理－标准化管理－中国－技术培训－教材 ②输电－电力系统－技术培训－教材 ③变电所－电力系统－技术培训－教材 Ⅳ. ①F426.61

中国版本图书馆 CIP 数据核字（2012）第 287838 号

中国电力出版社出版、发行
（北京市东城区北京站西街 19 号 100005 http://www.cepp.sgcc.com.cn）
北京九天众诚印刷有限公司印刷
各地新华书店经售

*

2013 年 1 月第一版 2013 年 1 月北京第一次印刷
787 毫米×1092 毫米 16 开本 84 印张 1766 千字
全册定价 **232.00** 元

陈艺鑫　陈日坤　陈祥舒　陈朝晖　陈德兴
林　衡　林一泓　林志敏　林志强　林轶群
林海渊　欧世尧　欧永连　罗　松　罗　毅
金建宁　郑哲人　郑雄俊　郑黎斐　赵道阳
施　纬　施广宇　洪西卿　钱志立　翁晓锋
涂恩来　黄　亮　黄国敏　董　磊　傅智为
潘晨曦

前言

preface

为了更好地服务“五大”体系建设，提升生产技能人员良好的“职业化”行为习惯，建立与现场标准化作业生产环境一致的培训课程体系，福建省电力有限公司以现场标准化作业指导书为蓝本，组织开展生产技能标准化作业培训教材的编写工作。为确保教材的编写质量和进度，由总工程师李功新主抓此项工作，多次召集工作协调会，定期听取编写进度汇报；人力资源部负责教材编写的组织工作，运维检修部、科技信通部和调度控制中心负责教材编写的具体工作，福建省电力有限公司和基层单位技术专家组成教材编写与审定小组，公司培训中心负责教材编写框架和编写规范的制订、编写进度跟踪及其他协调工作。

本套教材集中了福建省电力有限公司众多专家学者的智慧，采用了全新的组织架构，突出了基于现场标准化作业的培训特色。本套教材分为配电专业、输变电专业和二次专业三本书，包括 91 项现场标准化作业项目（子分册），具有很强的针对性和实用性。各项目（子分册）分为两部分：第一部分介绍了各项目的工作流程、工作质量标准与控制、危险点分析与预控、管理与记录要求、作业案例等；第二部分罗列了标准化作业指导书等标准化作业文本，并结合第一部分的作业案例说明了标准化文本的填写规范。部分项目（子分册）还在附录部分对设备等内容进行了说明。

其中，配电专业分为架空线路、配电设备、计量装置及其他设备，由福建省电力有限公司运维检修部高级工程师姚亮担任编写组长，福州电业局、厦门电业局、莆田电业局、泉州电业局、漳州电业局、龙岩电业局、三明电业局、南平电业局、宁德电业局、福清电力公司、石狮电力公司、晋江电力公司、南安电力公司、长乐电力公司等单位的专家参与编写工作。输变电专业分为开关类、线圈类和架空线路及电缆，由福建省电力有限公司运维检修部高级工程师林平担任编写组长，福建省电力科学研究院、检修分公司、福州电业局、厦门电业局、莆田电业局、泉州电业局、漳州电业局、龙岩电业局、三明电业局等单位的专家参与编写工作。二次专业分为继电保护、综合自动化、直流系统和电力通信，由福建省电力有限公司调度控制中心高级工程师宋福海、科技信通部高级工程师连纪文担任编写组长，福建省电力科学研究院、检修分公司、信息通信分公司、福州电业局、厦门电业局、莆田电业局、泉州电业局、龙岩电业局、三明电业局、南平电业局等单位的专家参与编写工作。

本册由福建省电力科学研究院施广宇担任编写组长，莆田电业局罗毅、福建省电力科学研究院连鸿松主要编写，莆田电业局林志强、金建宁、福州电业局吴簪麟等参与编写；福建省电力有限公司运维检修部陈新主编，福建省电力科学研究院涂恩来、福建省电力检修公司吴达、厦门电业局刘志平、泉州电业局王恒山、沈谢林、漳州电业局陈艺鑫、南平电业局杨建平、三明电业局李勇明等参审。

本教材在编写、审定过程中得到了福建省电力有限公司有关单位领导和专家的大力支持和帮助，在此一并感谢。同时，也感谢中国电力出版社的大力支持。

由于编者能力所限及编写时间仓促，难免存在疏漏之处，恳请各位专家和读者提出宝贵意见。

contents 目录

第一部分 标准化作业培训

1 作业描述

根据油浸式互感器例行检修的标准化作业指导书的内容，介绍油浸式互感器例行检修的工作流程和质量标准要求。通过流程介绍和列表说明，掌握油浸式互感器例行检修所需工器具、材料、工作流程、质量标准、作业中的危险点预控、操作步骤、管理要求等内容。

2 工作流程

油浸式互感器例行检修的工作流程如图 1-1 所示。

3 工作质量标准与控制

3.1 引用标准

GB 1208—2006 《电流互感器》

GB 1207—2006 《电压互感器》

GB 4703—2001 《电容式电压互感器》

DL/T 727—2000 《互感器运行检修导则》

国家电网生技〔2005〕173 号 110（66）kV～500kV 互感器检修规范

3.2 人员要求

（1）必须设置一名工作负责人，该负责人必须是经验丰富、责任心强，经有关安全生产规程制度考试合格，安监部批准可以担任检修工作负责人的人员。

（2）工作负责人必须熟悉检修设备的状态，应取得变电检修专业高级工以上技能鉴定资格。

（3）检修人员需经有关安全生产规程制度考试合格，必须是取得变电检修专业上岗证书，应取得变电检修或油务工作或电气试验专业中、初级工以上技能鉴定资格。

（4）工作负责人和工作人员必须保持良好的精神状态。

3.3 质量控制

3.3.1 电磁式电压互感器和电流互感器

3.3.1.1 金属膨胀器

采用目测、力矩扳手的检查方法，对金属膨胀器的渗漏、油位指示、压力释放装置、固定与连接、外观等内容进行检修。

（1）膨胀器密封可靠，无渗漏，无永久变形。

（2）放气阀内无残存气体；油位指示或油温压力指示机构灵活，指示正确、清晰。

（3）盒式膨胀器的压力释放装置完好正常，波纹膨胀器上盖与外罩连接可靠，不得锈蚀卡死，保证膨胀器内压力异常增高时能顶起上盖。

（4）各部螺栓紧固，盒式膨胀器的本体与膨胀器连接管路畅通。

（5）无锈蚀，漆膜完好。

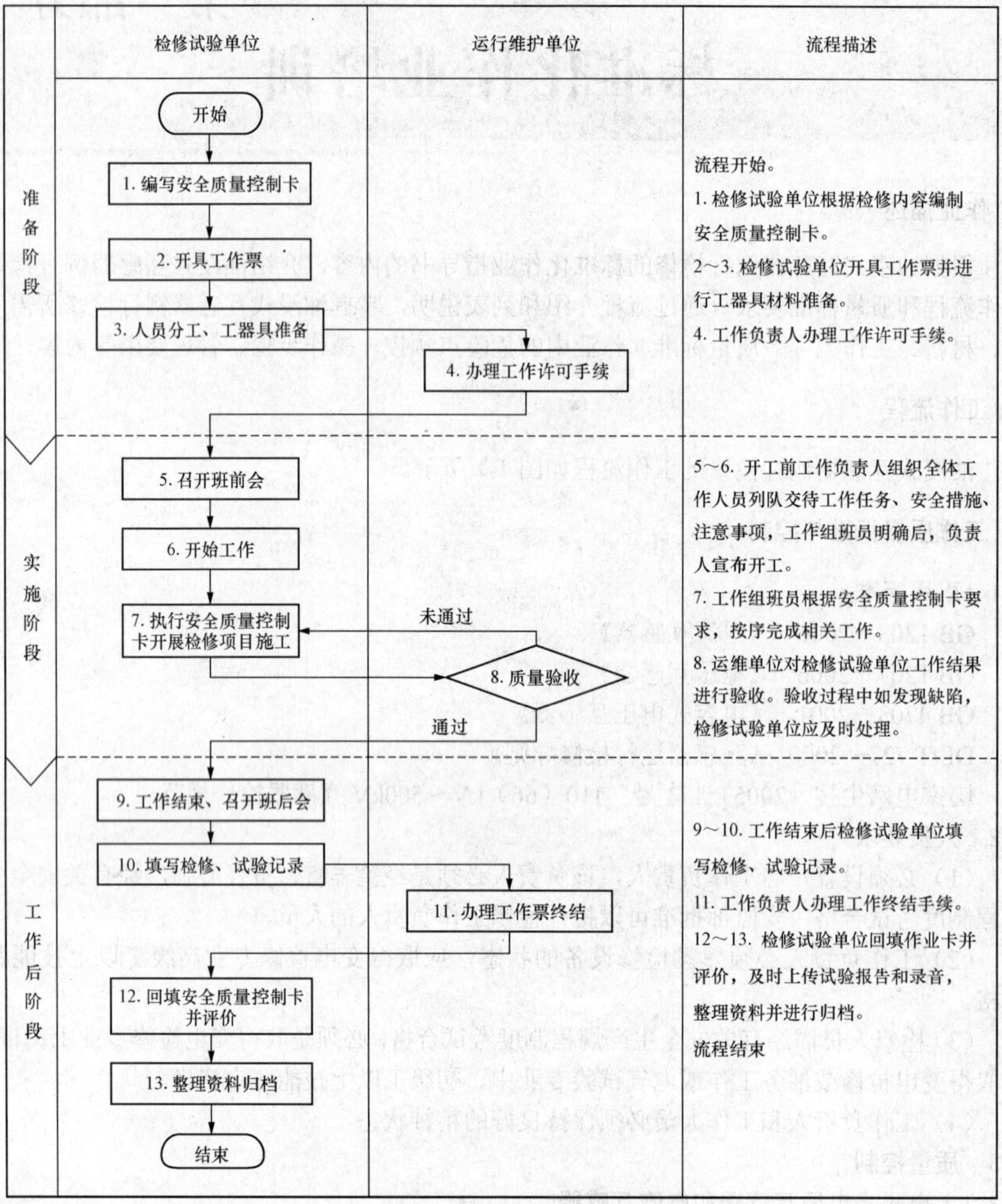

图 1-1　油浸式互感器例行检修工作流程图

3.3.1.2　瓷套

采用目测的检查方法，对瓷套的外观进行检修。

（1）检查瓷套有无破损、裂痕、掉釉现象，瓷套破损可用环氧树脂修补群边小破损，或用强力胶黏结修复碰掉的小瓷块，如瓷套径向有穿透性裂纹，外表破损面超过单个伞群10%或破损总面积虽不超过单个伞群 10%，但同一方向破损伞裙多于两个以上者，应更换瓷套。

（2）检查增爬裙的黏着情况及憎水性。若有黏着不良，应补粘牢固，若老化失效应予更换。

（3）检查防污涂层的憎水性，若失效应擦净重新涂覆。

3.3.1.3 油箱、底座

采用目测、力矩扳手的检查方法，对油箱、底座的外观、渗漏、二次部分、压力释放装置、放油阀等内容进行检修。

（1）铭牌、标志牌完备齐全；外表清洁，无积污，无锈蚀，漆膜完好。

（2）各部密封良好，无渗漏，螺栓紧固。

（3）二次接线板应完整，绝缘良好，标志清晰，无裂纹、起皮、放电、发热痕迹。

（4）小瓷套应清洁，无积污，无破损渗漏，无放电烧伤痕迹。

（5）电压互感器的末屏，电压互感器的 N（X）端引出线及互感器二次引线的接地端，应与底箱接地端子可靠连接。

（6）膜片完好，密封可靠。

（7）密封良好，油路畅通，无渗漏。

3.3.2 电容式电压互感器

3.3.2.1 分压电容器

采用目测的检查方法，对电容器本体密封情况进行检查。

（1）检查瓷套有无破损、裂痕、掉釉现象，瓷套破损可用环氧树脂修补群边小破损，或用强力胶粘结修复碰掉的小瓷块，如瓷套径向有穿透性裂纹，外表破损面超过单个伞群10%或破损总面积虽不超过单个伞群 10%，但同一方向破损伞裙多于两个以上者，应更换瓷套。

（2）检查增爬裙的粘着情况及憎水性。若有粘着不良，应补粘牢固，若老化失效应予更换。

（3）检查防污涂层的憎水性，若失效应擦净重新涂覆。

（4）分压电容器应密封良好，无渗漏。

3.3.2.2 电磁单元油箱和底座

采用目测、力矩扳手的检查方法，对油箱、底座的外观、渗漏、二次部分、放油阀等内容进行检修，同时检查油位，必要时按工艺要求补油。

（1）铭牌、标志牌完备齐全；外表清洁，无积污，无锈蚀，漆膜完好。

（2）各部密封良好，无渗漏，螺栓紧固。

（3）二次接线板应完整，绝缘良好，标志清晰，无裂纹、起皮、放电、发热痕迹。

（4）小瓷套应清洁，无积污，无破损渗漏，无放电烧伤痕迹。

（5）N（X）端引出线及二次引线的接地端，应与底箱接地端子可靠连接。

（6）密封良好，油路畅通，无渗漏。

（7）油箱油位应正常。

3.3.2.3 单独配置的阻尼器

采用目测的检查方法，对单独配置的阻尼器进行检查清扫，紧固各部螺栓。

阻尼器外观完好，接线牢靠。

3.3.2.4 外表面

采用目测的检查方法，对互感器的外表面进行检查。

外面应洁净，无锈蚀，漆膜完整。

4 安全风险分析与预控

4.1 危险点 1：高处作业不正确使用安全带，易发生高空坠落

互感器引线拆、装过程中，造成高空坠落。

防范措施

（1）互感器引线拆、装应使用高空作业车或搭脚手架。

（2）高度超过 1.5m 处作业，应使用安全带。

（3）正确使用安全带（绳），严禁低挂高用或系挂在不牢固的构件上。

4.2 危险点 2：触电

检修时，以下情况可能造成触电：

（1）误入带电间隔。

（2）二次倒送造成触电。

（3）现场使用高空作业车操作不规范造成触电。

（4）感应电，易引起人身伤害意外事故。

防范措施

（1）确认现场安全措施与工作票上所列安全措施一致；进入检修现场、攀登设备前，须核对设备的双重名称、编号。

（2）断开二次侧隔离开关或空气断路器，在操作把手上挂“禁止合闸，有人工作”标示牌；取下熔断器，确认无电压后，方可开始工作。

（3）现场使用高空作业车应设专人指挥、专人监护；高空作业车分臂、伸臂、转向时应与母线、变电站内带电设备保持足够的安全距离；带电设备区域内使用高空作业车时，车身应使用不小于 $16mm^2$ 的软铜线可靠接地。

（4）防止感应电，在设备导电部位的工作应使用临时个人保安线。

5 管理与记录要求

（1）召开班后会。

（2）将班前会和班后会录音上传，并做好记录。

（3）编写检修试验报告并上传。

6 作业案例

220kV××变电站 110kV××线×××单元油浸式电流互感器例行检修。

6.1 作业前准备

（1）工作负责人根据作业内容编制安全质量控制卡。

（2）工作负责人在生产管理系统开具变电站电气第一种工作票并办理相关许可手续。

（3）整理所需工器具及材料。

（4）到达现场后，经工作许可后开始工作。

6.2 作业中控制

（1）互感器的金属膨胀器密封可靠，无渗漏，无永久变形；油位指示正常；压力释放装置完好正常；各部螺栓紧固；整体无锈蚀，漆膜完好。参见图 1-2。

（2）瓷套无破损、裂痕、掉釉现象；增爬裙的粘着情况及憎水性、防污涂层的憎水性符合要求。

（3）油箱、底座、铭牌、标志牌完备齐全；外表清洁，无积污，无锈蚀，漆膜完好；各部密封良好，无渗漏，螺栓紧固；二次接线板应完整，绝缘良好，标志清晰；末屏接地良好；密封良好，油路畅通，无渗漏。参见图 1-3。

（4）现场整洁无遗留物，设备上无遗留工器具。

图 1-2　互感器的金属膨胀器

图 1-3　电流互感器外观

（5）填写检修记录。

（6）办理工作票终结。

6.3　作业后小结

（1）召开班后会。

（2）上传检修报告和录音。

（3）工作票、安全质量控制卡归档。

思考与练习

1．互感器例行检修的检查项目有哪些？

2．对电流互感器金属膨胀器进行检修，有什么质量要求？

3．对互感器进行检修时，哪些情况可能造成触电？应如何防范？

第二部分

标准化作业文本

1 电流互感器标准化作业指导书

××变电站×××电流互感器例行检修作业指导书

编写：__________ __________ 年 ______月 ______日

审核：__________ __________ 年 ______月 ______日

批准：__________ __________ 年 ______月 ______日

工作负责人：

作业日期： 年 月 日 时至 年 月 日 时

××××公司

1　范围

本作业指导书适用于××变电站×××线电流互感器例行检修作业指导。

2　引用文件

GB 1208—2006　《电流互感器》

DL/T 727—2000　《互感器运行检修导则》

国家电网生技〔2005〕173 号　《110（66）kV～500kV 互感器检修规范》

3　修前准备

3.1　准备工作安排

√	序号	内　　容	标　　准	责任人	备注
	1	开工前一天，准备好施工所需仪器仪表、工器具、相关材料、相关图纸及相关技术资料	仪器仪表、工器具应试验合格，满足本次施工的要求，材料应齐全，图纸及资料应符合现场实际情况		
	2	根据本次作业内容和性质确定好检修人员，并组织学习本指导书	要求所有工作人员都明确本次工作的作业内容、进度要求、作业标准及安全注意事项		
	3	填写第一种工作票，在开工前一天交值班员	工作票应填写正确，并按《电业安全工作规程》执行		

3.2　人员要求

√	序号	内　　容	责任人	备　注
	1	现场工作人员的身体状况、精神状态良好		
	2	外来人员必须经过负责施教人员对作业范围、安全措施、工作内容施教确认后方可参加工作		
	3	所有作业人员必须具备必要的电气知识，基本掌握本专业作业技能及《电业安全工作规程》的相关知识，并经《电业安全工作规程》考试合格		
	4	工作负责人必须由有资格的人员担任		

3.3　备品备件

√	序号	名　　称	规　格	单　位	数　量	备　　注

3.4　工器具

√	序号	名　　称	规　格	单　位	数　量	备　注
	1	绝缘人字梯	5m	部	1	
	2	双控双保险安全带		套	4	

表（续）

√	序号	名　　称	规 格	单 位	数 量	备　注
	3	个人工具箱		盒	1	工作负责人个人专用工具箱
	4	钢丝刷		把	1	

3.5　材料

√	序号	名　　称	型号及编号	单 位	数 量	备　注
	1	白布	—	m	2	纯棉
	2	油漆刷	1.5"	把	2	
	3	记号笔	极细	支	2	
	4	相色漆	红、绿、黄，醇酸漆	kg	0.3	各 0.1
	5	铁砂布	0 号	张	2	
	6	导电脂	—	kg	0.5	
	7	无水乙醇	99.99%	瓶	1	

3.6　危险点分析

√	序号	内　　容
	1	高处作业不正确使用安全带，易发生高空坠落
	2	检修时，误入带电间隔可能造成触电
	3	检修时，二次倒送造成触电
	4	现场使用高空作业车操作不规范造成触电
	5	检修时，感应电易引起人身伤害意外事故

3.7　安全措施

√	序号	内　　容
	1	互感器引线拆、装应使用高空作业车或搭脚手架；高度超过 1.5m 处作业，应使用安全带；正确使用安全带（绳），严禁低挂高用或系挂在不牢固的构件上
	2	确认现场安全措施与工作票上所列安全措施一致；进入检修现场、攀登设备前，须核对设备的双重名称、编号
	3	断开二次侧隔离开关或空气断路器，在操作把手上挂“禁止合闸，有人工作”标示牌；取下熔断器，确认无电压后，方可开始工作
	4	现场使用高空作业车应设专人指挥、专人监护；高空作业车分臂、伸臂、转向时应与母线、变电站内带电设备保持足够的安全距离；带电设备区域内使用高空作业车时，车身应使用不小于 16mm^2 的软铜线可靠接地
	5	防止感应电，在设备导电部位的工作应使用临时个人保安线

3.8 人员分工

√	序号	作业项目	检修负责人	作业人员
	1	电流互感器一次接线检查		
	2	外观清扫、瓷套检查		
	3	油位检查		
	4	二次接线及接线板检查		
	5	现场清理		

4 作业程序及作业标准

4.1 开工

√	序号	内容	到位人员签字
	1	工作票负责人按局、工区有关规定办理好工作票许可手续，完成三级交底工作	
	2	本工作负责人对本班工作人员进行明确分工，并确认所有工作人员正确使用劳保用品	
	3	在工作负责人带领下进入作业现场，并向所有工作人员详细交待作业任务、安全措施和安全注意事项。全体工作人员应明确作业范围、进度要求等内容，并在到位人员签字栏上分别签名	
	4	专责施教人对辅助人员（外来）按工区规定进行施教，施教内容包括：作业范围、安全措施、安全注意事项等	

4.2 检修电源的使用

√	序号	内容	标准	责任人签字
	1	检修电源接取位置	从检修电源箱相应试验电源接取	
	2	检修电源的配置	检修电源必须经过漏电保护器	
	3	接取电源时注意事项	1. 必须由检修专业人员接取，接取时严禁单人操作。 2. 接取电源前应先验电，用万用表确认电源电压等级和电源类型无误，从空气断路器下柱头接取 电源线要求：$2.5mm^2$及以上	

4.3 检修内容和工艺标准

√	序号	检修内容	工艺标准	安全措施及注意事项	责任人签字
	1	作业人员、工器具、设备就位	工器具等整齐摆放	注意高空作业车作业空间，与相邻带电设备有足够的安全距离（220kV≥6m）	
	2	电流互感器一次接线检查并记录	电流互感器接头检查使用高空作业车，按标准力矩检查8只M12×60螺栓和12只M10×50螺栓	高空作业车外壳应接好接地线，吊臂、吊斗与相邻带电设备安全距离必须大于6m 接头检查作业使用工具袋，防止高处落物损坏设备瓷裙，严禁上下抛掷物品，作业人员应正确使用安全保险带	

表（续）

√	序号	检修内容	工艺标准	安全措施及注意事项	责任人签字
	3	外观清扫、瓷瓶检查	互感器表面瓷套无裂纹、损坏，无渗漏油，膨胀器外罩无变形，金属外壳无锈蚀，瓷裙清洁	作业人员应正确使用安全保险带	
	4	油位检查，调整	油位计清晰，油位正常，符合运行要求		
	5	二次接线及接线板检查	按标记或按图纸要求检查搭接，接线正确、可靠、密封良好	防止进水	
	6	电流互感器电气及油化试验	各试验项目符合相关试验规程规定，无漏项	与试验无关人员不得进入试验围栏	
	7	对整个例行检修工作进行全面自验收	对每道工序从头至尾自验收一遍，严把质量关		
	8	检查现场安全措施	临时保安线已拆除，现场安全措施与工作所载相符		
	9	设备状态恢复	恢复到工作许可时状态		

5 竣工

√	序号	内容	责任人签字
	1	清理工作现场，将工器具全部收拢并清点，废弃物按相关规定处理，材料及备品备件回收清点	
	2	按相关规定，关闭检修电源	
	3	做好检修记录，记录本次检修内容，反措或技改情况，有无遗留问题	
	4	会同验收人员验收对各项检修、试验项目进行验收	
	5	会同验收人员对现场安全措施及检修设备的状态进行检查，要求恢复至工作许可时状态	
	6	经全部验收合格，做好检修记录后，办理工作票结束手续	

6 验收记录

自验收记录	记录改进和更换的零部件	
	存在问题及处理意见	
验收单位意见	运维班组自评价及签字	
	运检部验收意见及签字	

7 作业指导书执行情况评估

评估内容	符合性	优		可操作项	
		良		不可操作项	
	可操作性	优		建议修改项	
		良		遗漏项	
存在问题					
改进意见					

××变电站×××电压互感器（电容式）例行检修作业指导书

编写：________ ________ 年 _____月 _____日

审核：________ ________ 年 _____月 _____日

批准：________ ________ 年 _____月 _____日

工作负责人：

作业日期： 年 月 日 时至 年 月 日 时

××××公司

1 范围

本作业指导书适用于××变电站×××线电容式电压互感器例行检修作业指导。

2 引用文件

GB 4703—2001 《电容式电压互感器》

DL/T 727—2000 《互感器运行检修导则》

国家电网生技〔2005〕173 号《110（66）kV～500kV 互感器检修规范》

3 修前准备

3.1 准备工作安排

√	序号	内容	标准	责任人	备注
	1	开工前一天，准备好施工所需仪器仪表、工器具、相关材料、相关图纸及相关技术资料	仪器仪表、工器具应试验合格，满足本次施工的要求，材料应齐全，图纸及资料应符合现场实际情况		
	2	根据本次作业内容和性质确定好检修人员，并组织学习本指导书	要求所有工作人员都明确本次工作的作业内容、进度要求、作业标准及安全注意事项		
	3	填写第一种工作票，在开工前一天交值班员	工作票应填写正确，并按《电业安全工作规程》执行		

3.2 人员要求

√	序号	内容	责任人	备注
	1	现场工作人员的身体状况、精神状态良好		
	2	外来人员必须经过负责施教人员对作业范围、安全措施、工作内容施教确认后方可参加工作		
	3	所有作业人员必须具备必要的电气知识，基本掌握本专业作业技能及《电业安全工作规程》的相关知识，并经《电业安全工作规程》考试合格		
	4	工作负责人必须由有资格的人员担任		

3.3 备品备件

√	序号	名称	规格	单位	数量	备注

3.4 工器具

√	序号	名称	型号及编号	单位	数量	备注
	1	绝缘人字梯	5m	部	1	
	2	双控双保险安全带		套	4	

表（续）

√	序号	名　　称	型号及编号	单 位	数 量	备　注
	3	个人工具箱		盒	1	工作负责人个人专用工具箱
	4	钢丝刷		把	1	

3.5 材料

√	序号	名　　称	型号及编号	单 位	数 量	备　注
	1	白布	/	m	2	纯棉
	2	油漆刷	1.5"	把	2	
	3	记号笔	极细	支	2	
	4	相色漆	红、绿、黄，醇酸漆	kg	0.3	各 0.1
	5	铁砂布	0 号	张	2	
	6	导电脂	—	kg	0.5	
	7	无水乙醇	99.99%	瓶	1	

3.6 危险点分析

√	序号	内　　容
	1	高处作业不正确使用安全带，易发生高空坠落
	2	检修时，误入带电间隔可能造成触电
	3	检修时，二次倒送造成触电
	4	现场使用高空作业车操作不规范造成触电
	5	检修时，感应电易引起人身伤害意外事故

3.7 安全措施

√	序号	内　　容
	1	互感器引线拆、装应使用高空作业车或搭脚手架；高度超过 1.5m 处作业，应使用安全带；正确使用安全带（绳），严禁低挂高用或系挂在不牢固的构件上
	2	确认现场安全措施与工作票上所列安全措施一致；进入检修现场、攀登设备前，须核对设备的双重名称、编号
	3	断开二次侧隔离开关或空气断路器，在操作把手上挂“禁止合闸，有人工作”标示牌；取下熔断器，确认无电压后，方可开始工作
	4	现场使用高空作业车应设专人指挥、专人监护；高空作业车分臂、伸臂、转向时应与母线、变电站内带电设备保持足够的安全距离；带电设备区域内使用高空作业车时，车身应使用不小于 $16mm^2$ 的软铜线可靠接地
	5	防止感应电，在设备导电部位的工作应使用临时个人保安线

3.8 人员分工

√	序号	作 业 项 目	检修负责人	作 业 人 员
	1	电流互感器一次接线检查		
	2	外观清扫、瓷套胶检查		
	3	油位检查		
	4	二次接线及接线板检查		
	5	现场清理		

4 作业程序及作业标准

4.1 开工

√	序号	内 容	到位人员签字
	1	工作票负责人按局、工区有关规定办理好工作票许可手续，完成三级交底工作	
	2	本工作负责人对本班工作人员进行明确分工，并确认所有工作人员正确使用劳保用品	
	3	在工作负责人带领下进入作业现场，并向所有工作人员详细交待作业任务、安全措施和安全注意事项。全体工作人员应明确作业范围、进度要求等内容，并在到位人员签字栏上分别签名	
	4	专责施教人对辅助人员（外来）按工区规定进行施教，施教内容包括：作业范围、安全措施、安全注意事项等	

4.2 检修电源的使用

√	序号	内 容	标 准	责任人签字
	1	检修电源接取位置	从检修电源箱相应试验电源接取	
	2	检修电源的配置	检修电源必须经过漏电保护器	
	3	接取电源时注意事项	1. 必须由检修专业人员接取，接取时严禁单人操作。 2. 接取电源前应先验电，用万用表确认电源电压等级和电源类型无误，从空开下柱头接取。 电源线要求：$2.5mm^2$及以上	

4.3 检修内容和工艺标准

√	序号	检修内容	工 艺 标 准	安全措施及注意事项	责任人签字
	1	作业人员、工器具、设备就位	工器具等整齐摆放	注意高空作业车作业空间，与相邻带电设备有足够的安全距离（220kV≥6m）	
	2	电压互感器一次接线检查并记录	电压互感器接头检查使用高空作业车，按标准力矩检查 8 只 M12×60 螺栓和 12 只 M10×50 螺栓	高空作业车外壳应接好接地线，吊臂、吊斗与相邻带电设备安全距离必须大于 6m 接头检查作业使用工具袋，防止高处落物损坏设备瓷裙，严禁上下抛掷物品，作业人员应正确使用安全保险带	

表（续）

√	序号	检修内容	工 艺 标 准	安全措施及注意事项	责任人签字
	3	外观清扫、瓷瓶检查	互感器表面瓷套无裂纹、损坏，无渗漏油，膨胀器外罩无变形，金属外壳无锈蚀，瓷裙清洁	作业人员应正确使用安全保险带	
	4	油位检查，调整	油位计清晰，油位正常，符合运行要求		
	5	电压互感器电气及油化试验	各试验项目符合相关试验规程，无漏项	与试验无关人员不得进入试验围栏	
	6	二次接线板检查	按标记或按图纸要求检查搭接，接线正确、可靠、密封良好	防止进水	
	7	对整个年检小修进行全面自验收	对每道工序从头至尾自验收一遍，严把质量关		
	8	检查现场安全措施	临时保安线已拆除，现场安全措施与工作所载相符		
	9	设备状态恢复	恢复到工作许可时状态		

5 竣工

√	序号	内 容	责任人签字
	1	清理工作现场，将工器具全部收拢并清点，废弃物按相关规定处理，材料及备品备件回收清点	
	2	按相关规定，关闭检修电源	
	3	做好检修记录，记录本次检修内容，反措或技改情况，有无遗留问题	
	4	会同验收人员验收对各项检修、试验项目进行验收	
	5	会同验收人员对现场安全措施及检修设备的状态进行检查，要求恢复至工作许可时状态	
	6	经全部验收合格，做好检修记录后，办理工作票结束手续	

6 验收记录

自验收记录	记录改进和更换的零部件	
	存在问题及处理意见	
验收单位意见	运维班组自评价及签字	
	运检部验收意见及签字	

7 作业指导书执行情况评估

评估内容	符合性	优		可操作项	
		良		不可操作项	
	可操作性	优		建议修改项	
		良		遗漏项	
存在问题					
改进意见					

3 油浸式电流互感器安全质量控制卡

编号：__________

班组作业安全质量控制卡

作业名称：××班 ×× 变电站××kV×× 间隔 TA 例行检修

工作负责人编写：__________审核：__________批准：__________

作业性质：__多专业__计划时间：___年__月__日__时__分至___年__月__日__时__分

1 作业前

1.1 作业前内业准备

序号	名　　称	规　　格	单位	数量	确认
1．现场勘察 * 确认栏内需签字确认		勾选：☐已勘察　☐无需勘察			
2．工器具					
2.1	标准工器具	详见例行检修作业物品表	套	1	
2.2	仪器	详见例行检修作业物品表	套	1	
2.3	作业车辆	详见例行检修作业物品表	套	1	
2.4	梯类	详见例行检修作业物品表	套	1	
2.5	其他	详见例行检修作业物品表	套	1	
3．材料					
3.1	材料	详见例行检修作业物品表	套	1	
4．防护用品					
4.1	防护用品	详见例行检修作业物品表	套	1	
5．作业文件					
5.1	工作票编号				
5.2	作业文件：说明书、图纸、历史检修、试验记录、设备台账资料、现场一次接线图（作业区域带电部位标红）				
6．其他（录音笔、红马甲）					

1.2 出工准备

序号	名　　称	确认
1	班组班前会	
2	出工三检查	

2 作业中

2.1 作业组班前会

2.1.1 本作业危险点分析及安全措施交底

序号	危险点分析	安全控制措施	确认
1	登高作业可能发生人员坠落	高处作业应系好安全带及尾绳，安全带及尾绳经校验合格，且系挂在牢固的构架上，严禁将安全带系挂在CT的瓷瓶上。绝缘梯应专人扶持，专梯专用，并与牢固的构架绑扎牢固。上下设备前，须清除鞋底的油污	
2	高空作业车作业时可能引起感应电伤人或其他事故	吊车、高空作业车的车辆应完好，作业前应可靠接地。各种特种作业人员均应持有效的特种作业证件。作业过程中应有专人指挥和监护，并与220kV带电部位保持6m及以上的安全距离	
3	工作前不核对设备名称、编号、工作地点、带电部位造成误入临近带电间隔，跨越临时遮栏造成触电	工作前应认真核对设备名称、编号、工作地点、带电部位，不得误入临近带电间隔，跨越和随意移动临时遮栏	
4	一次引线拆、接过程中，击伤人员或附件	使用传递绳或绝缘杆传递引线，拆除后应及时绑扎牢固	
5	电动工具使用中触电	电动工具外壳必须可靠接地	
6	二次回路拆、接过程中，造成短路或失地	使用带有绝缘包扎的工器具。拆线前做好标记，随拆即采取绝缘包扎措施。接回时，应由第二人进行复查	
7	接拨检修电源工作中低压触电	接拨施工电源时应使用绝缘工器具，拆接线前应确认电源确已断开，接线裸露部分小于5mm	
8	TA接地不良，造成设备损坏	TA应可靠的接地	

2.1.2 其他班组间配合或交叉作业危险点分析及安全措施交底

序号	相关班组	危险点分析	安全控制措施	确认
1	高试班	对设备进行加压试验时，可能造成对其他班组人员触电伤害	试验现场应装设遮栏或围栏，悬挂“止步，高压危险!”的标示牌，严禁非试验人员进入试验现场。高压试验前，高压试验负责人应与本工作负责人及其他班负责人互相协调，试验时应有专人监护，确保检修人员已撤离试验区域	
2	变压器班	高空作业车作业时斗臂下站人或随意穿行，且无专人指挥，可能造成伤人	高空作业车作业时臂、斗下严禁站人，高空作业车使用时，应有专人指挥。现场负责人应通知其他有关班组停止工作	

2.1.3 安全措施确认

我已知晓上述工作地点、工作内容、停电范围、作业分工、危险点及安全控制措施，精神状态良好。 确认签字：

2.2 关键工序安全质量控制

序号	关 键 工 序	质量、安全控制	确认
1	外观清扫检查	三相标示牌清晰完整，外绝缘表面清洁，无破损、裂纹及放电痕迹，无破损、老化。金属铁件部分无锈蚀现象，相序漆指示明显无脱落现象	
2	密封性及膨胀器检查	膨胀器、油位检查，调整。油位计数值清晰，油位正常，符合运行要求，低于规定值时，应补油	
3	各引接线头检查	各引线接触面无裂痕，光滑平整，接触良好，引接线头螺栓紧固无松动过热现象，接线应紧固	
4	检查互感器二次接线盒、末屏接地	二次端子箱应密封良好。处理二次端子渗漏油缺陷时，应防止端子扭动造成内部接线断线，防火封堵完好。末屏接地良好	
5	TA 本体接地检查	应可靠接地	
6	其他常态维护（相色油漆、除锈补漆、热缩包扎、缺陷处理）	除锈后应先用防锈漆再用银粉漆，刷漆应均匀，相色漆应正确美观	
7	检查检修现场是否有遗留物，被检修设备是否已恢复至检修前状态	无遗留物，检修设备已恢复至检修前状态	

2.3 作业验收

2.3.1 检修人员验收

序号	验 收 内 容	确认
1	外观检查	
2	密封性检查	
3	各引接线头检查	
4	TA 外壳、末屏接地检查	
5	TA 除锈刷漆	
6	检查检修现场是否有遗留物，被检修设备是否已恢复至检修前状态	
工作负责人验收签字：		

2.3.2 运维人员验收

运维人员验收： 检修记录已登记，现场已验收合格。　　　　运维人员确认签字：

2.4 作业组班后会

序号	项　　目	确认
1	作业组班后会	
2	存在问题及措施：	

3 作业后

3.1 作业后内业工作

序号	项　　目	内　　容	确认
1	生产管理系统流程运转	缺陷推进、检修记录编写上传、完成时限填写、设备作业后评价	
2	录音上传	工作票录音	
3	作业文件归档	安全质量控制卡、工作票、报表	

3.2 作业评价

评价情况：经检查，本控制卡__________，存在____问题，已向____________提出。

检查人：__________

____年____月____日

4 变电站电气第一种工作票

××电业局（供电公司）

××变电站电气第一种工作票

编号：×××××

1．部门：×××　工作班组：×××　工作负责人：×××

2．工作班人员：×××、×××、×××

共 ×× 人

3．工作任务：

工　作　地　点	工　作　内　容
××变电站 220kV 断路器场地××线电流互感器本体	220kV××线电流互感器例行试验

4．计划工作时间：自××年×月×日×时×分至××年×月×日×时×分

5．安全措施：

电气接线图或必要时可附页绘图说明。

许可前由工作许可人会同工作负责人到现场逐项检查核对后在已执行栏打√。

序号	应断开的断路器、隔离开关，应取下的熔丝，应解除的继电保护连接片等（包括填写前已断开、取下、解除的）注明编号	已执行
1	应断开××断路器及其控制、合闸电源；	
2	应断开××隔离开关及其电动操作电源；	
序号	应装接地线、应合接地隔离开关（注明接地线具体位置，并留出空位由许可人注明接地线编号）	已执行
1		
序号	应设遮栏、应挂标示牌、防止二次回路误碰的措施	已执行
1	应在××断路器、××隔离开关操作把手上挂“禁止合闸，有人工作”标示牌	
2	应在工作地点放置“在此工作”标示牌	
3	用安全围网圈围工作场地，并朝里悬挂“止步，高压危险”标示牌，围网出入口围至邻近道路旁，并在出入口处放置“从此进出”标示牌	

工作地点保留带电部分或注意事项（签发人或工作负责人填写）	补充工作地点保留带电部分和安全措施（许可人填写）
相邻××间隔在运行中	

二次工作安全措施票（票号）：________

工作票签发人签名：　　　　签发日期：××年×月×日×时×分

收到工作票时间：××年×月×日×时×分　　值班人员签名：________

6．确认本工作票 1～5 项

许可开始工作时间：××年×月×日×时×分

工作许可人签名：____________工作负责人签名：____________

7．工作人员变动：

增添人员姓名	日	时	分	工作负责人签名	离去人员姓名	日	时	分	工作负责人签名

8．工作负责人变动：

原工作负责人__离去，变更 为工作负责人。

变动时间：___年__月__日__时__分　工作票签发人签名：__________

9．工作票延期：有效期延长到：××年×月×日×时×分

工作负责人签名：___值长或值班负责人签名：____________

10．每日开工和收工时间（使用一天的工作票不必填写）

收工时间				工作负责人	工作许可人	开工时间				工作负责人	工作许可人
月	日	时	分			月	日	时	分		

11．工作结束：设备及安全措施已恢复至开工前状态，现场已清理完毕，工作班人员已全部撤离。全部工作于 ××年×月×日×时×分结束。

工作负责人签名：______________工作许可人签名：__________

12．工作票终结：临时遮栏、标示牌已拆除，常设遮栏已恢复。接地线编号××××等共__组、接地刀闸××（小车）共××副（台）未拆除或拉开，已汇报调度员。

工作许可（当值）人签名：__________时间：××年×月×日×时×分

13．备注：

（1）检修工作中允许试分合的设备：

允许试分合的设备	解锁执行人	解锁时间	操作人	监护人	操作设备时间

（2）工作负责人指定专职监护人。

第一组　负责监护

第二组　负责监护

第三组　负责监护

（3）其他补充安全措施：①高处作业必须系好安全带。②登高梯要有防滑措施。③与带电设备要保持足够的安全距离（220kV 不小于 3.0m；110kV 不小于 1.5m；10kV 不小于 0.7m）

______

______

（4）其他事项：______

______

______

14．交任务、交安全措施确认：我对工作负责人布置的工作任务及安全措施已明白无误，所有安全措施已能确保我的工作安全。

工作班人员签名：______

15．评价情况：经检查本票为票。存在______

______问题，已向指出。

检查人：______

____年____月____日

思考与练习答案

1．答：互感器例行检修的检查项目有：

（1）电磁式电压互感器和电流互感器：金属膨胀器、瓷套、油箱、底座。

（2）电容式电压互感器分压电容器、电磁单元油箱和底座、单独配置的阻尼器、外表面。

2．答：电流互感器金属膨胀器检修的质量要求：

（1）膨胀器密封可靠，无渗漏，无永久变形。

（2）放气阀内无残存气体；油位指示或油温压力指示机构灵活，指示正确。

（3）盒式膨胀器的压力释放装置完好正常，波纹膨胀器上盖与外罩连接可靠，不得锈蚀卡死，保证膨胀器内压力异常增高时能顶起上盖。

（4）各部螺丝紧固，盒式膨胀器的本体于膨胀器连接管路畅通。

（5）无锈蚀，漆膜完好。

3．答：互感器检修时，以下情况可能造成触电：

（1）误入带电间隔。

（2）二次倒送造成触电。

（3）现场使用高空作业车操作不规范造成触电。

（4）感应电，易引起人身伤害意外事故。

防范措施：

（1）确认现场安全措施与工作票上所列安全措施一致；进入检修现场、攀登设备前，须核对设备的双重名称、编号。

（2）断开二次侧隔离开关或空气断路器，在操作把手上挂“禁止合闸，有人工作”标示牌；取下熔断器，确认无电压后，方可开始工作。

（3）现场使用高空作业车应设专人指挥、专人监护；高空作业车分臂、伸臂、转向时应与母线、变电站内带电设备保持足够的安全距离；带电设备区域内使用高空作业车时，车身应使用不小于 $16mm^2$ 的软铜线可靠接地。

（4）防止感应电，在设备导电部位的工作应使用临时个人保安线。